CÍRCULO
DE POEMAS

História das crianças

Rafael Zacca

o coração é pequeno, coitado

Fernando Pessoa

MUITO INFANTIL S.A.

tantas vezes me perdi no labirinto
só pra que me encontrassem
cheio de fúria e de mim

esqueça tudo
se quiser brincar
lembre-se apenas
do pique-esconde
cardíaco da infância

tun tun
tun tun

o coração é pequeno
o amor também

e em qualquer canto
as crianças estão armando
a maior confusão

se quiser brincar
aperte os botões do elevador
os alarmes de incêndio
as campainhas
saia correndo

CONTOS MARAVILHOSOS INFANTIS E DOMÉSTICOS

autobiografia de todo mundo

vocês vieram de longe
em pequenos navios imaginários

milhões e milhões de crianças
feitas de fantasia e tristeza

o sol às suas costas
projeta sombras imensas

o adulto é um truque de luz
na vida das crianças

são gigantes que sobem
nos ombros dos pequenos

os irmãos grimm

bruno é um de nós
os pequenos
e brinca de futebol americano
com os grandes

ele é muito pesado
então é bem difícil
que o derrubem

é preciso que dois ou três
dos grandes ataquem
pra roubar a bola

quando joga com
a gente — os outros
pequenos — bruno
acha divertido
que nos atiremos
aos montes
às suas pernas
enquanto avança
em direção à linha do gol

antes que fosse pro banco
por causa da leucemia
pediu que sua mãe
doasse os brinquedos
pra gente

não ganhei nenhum
mas fiquei com um livro
dos contos recolhidos
pelos irmãos grimm

eu não fazia ideia
de quem eram
os irmãos grimm

mesmo assim fiquei feliz
eu pensei que era
um livro de família

e achava que com aquilo
ele estava me chamando
pra sua família

uma família pequena
que precisava continuar

as sereias

nada que é pequeno
me é estranho

o patinho feio
o soldadinho de chumbo
a pequena sereia

minha irmã está crescendo
mas antes que se esqueça
ana clara deixa pra trás
um livrinho de fábulas

as sereias

mas na capa
ela desenha
uma só sereia

e deixa um espaço
entre o rabo e o torso

o título aparece
em duas linhas
a sereia desmontada
e a sereia viva

onde está a sereia viva ana clara

essa história
ela responde
é sobre todo mundo
é sobre você e eu

a sereia desmontada
é a sereia viva

a carniça

vocês conhecem
o jogo da carniça

um de nós fica no meio
com as costas arqueadas

cinco ou seis cercam a carniça
e um açougueiro dá as ordens

eu bato todo mundo bate
batemos nós dizemos
e batemos

eu piso todo mundo pisa
pisamos respondemos juntos
e pisamos nos pés

todas as ordens
se resumem a bater
quem se recusa a obedecer
troca de lugar com a carniça
e a carniça se torna o açougueiro

o jogo nos prepara
nos faz crescer
é assim que ficamos
grandes

a casa de chocolates

visto a máscara e digo
que escrever é tudo pra mim

mas sei que gosto mesmo
é dos chocolates e das guloseimas

por isso gasto os meus dias
lambendo os dedos
que não escrevem

coisas sérias
acontecem
grandes poetas
escrevem sobre elas
o tempo todo
estão à altura
das coisas sérias

estou à altura apenas
da casa comercial
que atende pelo nome
cacau show

pra onde me dirijo
antes de visitar
como um devoto
o minimercado pato & carniça
na rua coração de maria

o gato eco

uma das histórias
de minha infância
é a do gato eco

já faz algum tempo
que o gato eco
vive na sua casa
(na *sua* mesmo)

um dia você cresce
e repara que perdeu
alguma coisa
o combustível

é aí que o gato eco
vem e deita
um galão de gasolina
aos seus pés

obrigado gato eco você diz
e ele ganha voz e diz obrigado

é claro que você não acha isso normal

gato eco você não acha
estranho que antes
você não falasse comigo
e que agora tenha
passado a falar?

o gato eco responde
ué *você* não acha estranho
que agora tenha passado a falar
e que antes não falasse comigo?

um embrulho no estômago
o gato eco desaparece
mas não dá nem tempo
de abastecer

ele está voltando um fósforo
enrolado no rabo

antes de virar
pó e fumaça
você ouve
duas vezes
a faísca

os carniceiros

estou lendo a história
do gato eco pra ana clara

ela me pergunta se conheço
a verdadeira história
dos irmãos grimm

não conheço então ela começa

essa é a história
dos carniceiros

cinco crianças de cinco anos
se dividem em cinco papéis
uma cozinheira
uma assistente
uma açougueira
um leitão
e um dedo-duro

a açougueira levanta a faca
e degola o leitão
a assistente recolhe o sangue
numa vasilha
e dá à cozinheira
que começa o preparo

só então o dedo-duro
corre até os adultos
e pede socorro

os adultos chegam
são cinco
um cozinheiro
um assistente
um açougueiro
você
e um juiz

vocês sabem como
essa história termina

essa é a história
de todo mundo

TEOREA GERAL DAS CORES

minicosmos

as cores precisam de você
e da luz pra acontecer
as coisas não

são corpos celestes
e seres minúsculos
debaixo da terra
que se misturam
longe muito longe
dos seus olhos

john dalton não podia
ver as cores muito bem então
tentou observar as coisas
que são difíceis de enxergar
tornou-se químico
e meteorologista

em 1808 ele propõe
que toda a matéria é feita
de pequenas partículas
os átomos

mesmo o ar e os gases
estão cheios deles

antes dele outra pessoa
disse algo parecido
em 1714 leibniz

escreve a monadologia
na qual sustenta
que todo o universo
é composto
de pequenas substâncias
as mônadas

indivisíveis e perfeitas
espelhos da criação

compreender uma mônada
a menor substância do universo
é compreender tudo o que existe

olhe pra dentro
de uma mônada
sugere leibniz
e você verá traços
do que se passa
do que se passou
e do que se passará
no universo

você também está cheio delas

minicosmos
e multidão

leibniz morreu
sozinho e esquecido
a única testemunha
no seu velório
era o seu secretário

você não quer morrer
sozinho e esquecido
com o seu secretário
no velório
então você vai
a festas

e nas festas você dança
entre a fumaça
e coisas minúsculas

quando está prestes
a tocar em um desconhecido
os olhos surgem como dois faróis
por que você não
dorme lá em casa hoje?
e você se lembra
que o ar está repleto
de átomos e mônadas
e que vocês estão cada um
em uma ponta do universo agora
e que qualquer toque
é uma catástrofe

e você se pergunta
o que é isso que acontece
quando no escuro
dois corpos
colidem?

álbum de família

corpos celestes
se tornam vermelhos
por causa da velocidade
com que se afastam de nós

os astrônomos chamam
esse efeito de *redshift*
desvio para o vermelho

acontece com fotografias também

em uma dessas fotos
a minha mãe
aparece com o cabelo
raspado depois de ter
um pequeno colapso
nervoso

eu pergunto mãe
você está bem agora?
e ela não responde

tenho medo da velocidade
com que os corpos celestes
se movem então decido ligar
e marcar um almoço
nos encontramos
ela está radiante
voltou de viagem

ama as amigas e a vida
me diz que está bem
que acabou de vir da academia
que vai comer um peixinho

volto pra casa
olho de novo a fotografia
pergunto mãe você
está bem agora?
e ela não responde

impressionismo

le déjeuner des canotiers
óleo sobre tela
é uma pintura
de pierre-auguste renoir

fez parte da sétima exibição
impressionista em 1882
foi comprada por
paul durand-ruel
e adquirida em 1923
por duncan phillips
que pagou por ela
125 mil dólares americanos

o almoço dos barqueiros
impressa num papel cartão
é uma cópia
de *le déjeuner des canotiers*

estava na feira de móveis
do norte shopping em 1994
foi comprada por
meu pai
e pendurada na sala
de casa por ele
que pagou nela
uns vinte reais brasileiros

o quadro é bonito
mas é só quando
meus pais se separam
que começo a reparar

as pessoas retratadas
estão borradas
ainda não sei o que é
impressionismo
mas fico muito
impressionado
tenho medo
de que sejam
fantasmas
então quando acordo
pra beber água
passo correndo
pela sala

mas não adianta
todo mundo sabe
que os fantasmas
não ficam presos

à noite eles
andam por aí

três coisas

no cinema está passando
o fabuloso destino de amélie poulain

três coisas
me confundem
na sessão

o filme é todo
em verde e vermelho
mas como sou daltônico
isso passa batido

o narrador apresenta
personagens e situações
a partir de três características
mas é tudo muito rápido
e eu me perco
tentando fazer as contas

a terceira coisa
que me confunde
nesse filme é
a amélie poulain
que vira e mexe
responde ao narrador
e fala com a câmera

amélie você está
falando comigo?
mas ela não responde

amélie está tudo bem
com você agora?
mas ela não responde

ossos de vidro

amélie está tudo bem
com você agora?
pergunta o homem
dos ossos de vidro

o homem
dos ossos de vidro
pinta todos os anos
uma cópia do
almoço dos barqueiros
de renoir

o mais difícil
são os olhares
diz o homem
dos ossos de vidro
às vezes parece
que mudam
de humor
assim que viro
de costas

às vezes parece
que se parecem
comigo
diz o homem
dos ossos de vidro
antes de virar
farinha

acidentes

nos estados unidos
eles chamam um daltônico
de *colorblind*
cego para as cores

no brasil chamamos
de daltônico
por causa do john dalton
que além de daltônico
descobriu a anomalia
da cegueira parcial das cores

john dalton morreu
aos poucos

foram três acidentes
cardiovasculares

o primeiro foi em 1837
depois desse
ele ficou mais lento

o segundo foi em 1838
depois desse
ele ficou com dificuldades
pra falar

o terceiro foi em 1844
dois meses depois

ele registrou
sua última observação
meteorológica
com a mão
trêmula
um dia antes
de morrer

nesse mesmo ano
renoir fazia três anos
e se mudava
com seus pais
pra paris
na rue d'argenteuil
pertinho do louvre

cento e cinquenta anos depois
na rua fábio luz
antonio osorio e maria de fátima
penduram juntos
uma cópia de um quadro
de renoir na sala

sob o testemunho
do filho daltônico
que não compreende
as cores do quadro

nem sabe
que o impressionismo
trabalha com uma certa
vibração das cores

que há na imagem
uma mistura de partículas
verdes e vermelhas

que dão a impressão
de opacidade e vibração

uma sensação dispersa
de vida e de morte
de solidão e de multidão

que sou eu?
você pergunta
quando se olha
no espelho

mas a imagem
não responde

trem-fantasma

passamos a acreditar
em fantasmas nos diz
carlos drummond de andrade
quando começamos
a nos parecer com eles

no hospital cheia de febre
sylvia plath diz ter medo
das orquídeas fantasmas
e que o amor a envolve
como uma echarpe de fumaça
e que todos desaparecem
na neblina
como ela

estou no cinema
tenho medo de fantasmas
amélie poulain se apaixona
por nino

ele trabalha no palace video
o rei do pornô
e num parque de diversões
no trem-fantasma

o que diriam as personagens
dos filmes pornográficos
pergunta o filósofo
giorgio agamben
se pudessem nos ver?

os nossos sonhos
não podem nos ver
ele conclui

e no entanto eu pergunto
pras pessoas
no *almoço dos barqueiros*
o que se passou aqui
meus fantasmas?

e eles não respondem

como foram
meu pai e minha mãe

e eles não respondem

eu não ouço nada
mas no cinema
quando as pessoas
colidem
posso ouvir
bum!

você está ouvindo?

PRIMEIRO CADERNO DO ALUNO
RAFAEL ZACCA

folha de rosto

antes de tudo
o amor

não

antes de tudo
o humor

não

antes de tudo
a fome

mas fome mesmo

uma fábula

o papagaio da tia giuliana
era professor

os papagaios dos vizinhos
eram meio tontos
mas aprendiam rápido
com o papagaio da tia giuliana

agora o esquisito nessa história
é que o papagaio da tia giuliana
só falava com outros papagaios
com a gente ficava quieto

com os outros papagaios
é que ele era feliz

um dia do nada desandou
a falar com a própria sombra

o professor quer biscoito
repetia pra parede
o professor quer biscoito

e assim foi noite adentro
até cair duro

entreter e instruir

as antigas poéticas
recomendam
que o poema
entretenha e instrua

isso aprendi com o professor
gerson de história

que contava as moedas
no ponto de ônibus
depois do expediente

consulto os tratados dos mestres
por carinho ao professor

procuro neles
uma lição
de economia

professor gerson
conte de novo
aquela história
das cigarras
e das formigas

vida de inseto

a cigarra cantou
por todo o verão
e a formiga trabalhou
pra encher a despensa

chegou o inverno
agora já era
pensou a cigarra

e foi na porta
da formiga
pedir comida

a formiga botou
pra tocar na vitrola
a canção da cigarra

você canta muito bem
disse a formiga
agora dance

são francisco

a mãe que tem fome
ensina a criança que tem fome
a dividir com quem tem fome
o que encontrar

depois a criança
descansa as costas
no muro do instituto
de filosofia e ciências
sociais no largo
de são francisco

uma aluna tem nas mãos
um livro de josué de castro

repara na criança
que tem fome
repara que ela
tem fome mesmo

e tira uma nota
de dez do bolso

e da mochila
ela tira a coxinha de galinha
que estava guardando
pra depois

a criança que tem fome
obedece à mãe que tem fome
e chama os amigos que têm fome
pra comerem juntos

a menina se emociona
pensa no futuro do brasil

depois a criança que tem fome
ergue a nota de dez reais
rasga e faz dez
pedacinhos iguais

só então distribui
às outras crianças
que têm fome

elas guardam os pedacinhos na boca
esperam que se encham de saliva
e engolem

uma boa estratégia

são dois os times
jogando esta tarde
o time de camisa é o
correspondência
o sem camisa é o
vamovê

o correspondência tem
uma boa estratégia
seus jogadores usam camisas
com os nomes dos jogadores
do time adversário
pra confundi-los
pra entretê-los

o vamovê
não tem estratégia
mas tem uma boa torcida

o problema começa
quando a torcida
inflama um jogador
do vamovê
com uma canção

o jogador do vamovê
vibra em campo

o jogador do correspondência
que leva o seu nome nas costas
também fica muito animado

e até aí tudo bem
mas na confusão o cara
do correspondência
tira a camisa
e começa a jogar
pelo vamovê

daqui da arquibancada
é difícil de ver o placar
mas eu acho que as palavras
marcaram alguns gols
e as coisas
estão reclamando

lições de economia

meu professor
de literatura e política
me diz que devo inserir
no poema alguma coisa
que revolte o leitor

minha professora
de teoria literária
me diz que devo
revoltar a linguagem

meu professor
de poesia moderna
fala sobre um véu
entre o mundo e eu

minha professora
de cálculo infinitesimal
está preocupada
com o limite
das coisas

meu professor
de educação física
me chama atenção
para o trabalho
com os pés

leio no jornal
que em 2022
116 milhões de brasileiros
não têm acesso pleno e permanente a comida

como era mesmo
professor gerson
aquela história
tão esquisita
do trabalho e do canto
e dos verões
e dos invernos

o estrangeiro

nos últimos anos
de sua vida
heráclito se isolou
nas montanhas
e passou a se alimentar
somente de plantas

um dia adoeceu
e ficou cheio de água
no corpo todo

obrigaram-no a descer
de volta pra cidade

vocês são capazes de transformar
inundação em seca?
perguntou heráclito

depois enterrou-se
a si mesmo
na merda

o calor do estrume
deveria evaporar
a água do corpo

não fosse a fome
dos cachorros de heráclito

a fome instrui
a merda entretém

os cachorros
confundiram o dono

e o devoraram

CANÇÃO DO EXÍLIO

uma fábula

na calçada da minha avó
dorme um rapaz
que faz dinheiro
jogando cocos pro alto
no sinal de trânsito

don diego é magro
e tem os braços fortes
seu despertador é
o seu marcos
que todas as manhãs atira
um copo d'água
na cara de don diego

ao invés de mandar
o seu marcos à merda
don diego limpa o rosto
acende um cigarro e dá
bom-dia a seu marcos

um lorde um comerciante
algumas senhoras inocentes
os pombos os faróis

de repente
um passarinho
pousa na janela

xô passarinho
não atrapalhe
o fio da memória

tarde demais
todos desaparecem

onde estão

um maço por dia

era surrada a nota
de cinco que a vó neusa
me dava pra comprar
um maço de carlton

fumava um maço por dia
com batom vermelho
berrando ao telefone
distribuindo ordens

mas não mandava em nada
e sem dinheiro dispensava
o feijão em favor do tabaco

o que lhe dava
um braço flácido
no qual
tantas vezes
peguei no sono

nuvens

eu voltava do boteco do julio
com o maço no elástico da bermuda

no caminho pra casa
não tinha sete anos nem cigarros
tinha folga e marra e uma estranha autoridade

depois dava os cigarros pra rainha

é surrada a cara da vó
quando me visita em sonho
mas sempre usa batom
e diz que a família
está fodida
por culpa sua

quando lembro da vó dormindo
e de sua baba cinza
a casa se enche de nuvens
escuras e todas as paredes
respiram com dificuldade

fôlego

os netos eram fumantes
quando visitavam a vó

não fumavam
mas respiravam
vinte tubos
de carlton por dia

o ministério da saúde
tinha pouca influência
no engenho de dentro
e a vó neusa tinha
a sua maneira
de imperar

ficou um pouco dela no nosso fôlego

água santa

o vô sempre sumia
mas era muitas coisas
na boca da vó

e a casa se iluminava
com tantos palavrões

acontece que no final da vida
o vô levava a vó
pra fazer hemodiálise
diariamente

e um dia o vô se jogou na frente da vó

foi na água santa
um carro da polícia atirando
contra uns assaltantes de carro

minha vó não era assaltante de carro
mas ia tomar um tiro no rosto

não fosse o vô que teve
o maxilar perfurado
sobreviveu
agora o chamavam de santo

passou pouco tempo
e a vó morreu
de enfisema

o vô foi depois
de tristeza

o vô fumava à beça também
e sumiu muitas vezes
quando ia comprar cigarros

os policiais eram
covardes e fumantes
e desapareceram

antes que mandássemos
todos tomar no cu

não há mais nada
que esse poema
possa fazer contra eles

canção do exílio

minha mãe e meus tios
dormiam no sofá de minha avó
comiam da comida dela
pegavam dinheiro emprestado
emprestavam de volta
se viravam como podiam
a morte os evitava
não sentiam a noite
e faziam piadas que eu não entendia
minha terra tem cigarros
onde vivem meus avós
e cinzeiros e um tio
que morreu sem fôlego
numa casa em iguaba
fugindo de agiota
mas já não está aqui
nem a vó nem o vô
onde estão aqueles
que poderiam dizer que sim
que a fumaça escura
vazava das paredes
exalando no ar o doce odor
de frutas morrendo
o que efetivamente
ocorreu no bairro
da água santa
no subúrbio do rio
de janeiro no brasil
por volta de 2010...
e foda-se

AS PALAVRAS E AS COISAS

as palavras de infância

chegam sem convite
vieram sempre de outra pátria
estão apenas de passagem
e somem num lampejo

às vezes voltam pela metade
são e não são conhecidas
nos chamam pelo nome
mas não sabemos
como chamá-las

uma fábula

o azulão baixou à janela
bem na hora que o professor edgar
girava em torno de um problema metafísico

a alma é simples
o corpo é complexo
deus é indivisível
e a morte existe

o professor mexeu nos bigodes
fez uma anotação
às margens do texto
e o azulão se preparou
pra fazer
a maior chilreada

canção da cigarra

seria preciso dizer
algo sobre as cores
mas as flores
de repente
estão piando

e os pássaros
agora mesmo
mudam seus tons

no mangue
uma multidão
de crustáceos
tamborila

agora seria
a hora perfeita
pra dizer
qualquer coisa
sobre as minhas vísceras

mas é a sua voz
que se abre
à maneira
dos vegetais

dádiva

não sou eu
quem escolhe
as palavras

o amor vem
à minha boca
feito um gato
e leva somente
o que pode

lânguido e arisco
de tempos em tempos
volta pra casa

deitando as palavras
uma a uma
aos seus pés

teologia

deus é o nome
do vento quando
sopra sobre a folha
e a folha balança

que nome têm as folhas
quando vibram sozinhas?
não é preciso saber

depois de anos
a mão enrijecida
ainda pode tirar
um coelho da cartola

é no seu nome que penso
quando as coisas
ficam vivas

como os nomes
os bichinhos traduzem
a ternura mais funda

e os seus coelhos renata
não querem sair
da minha boca

MUSEU DE EROS

estações

quando descer
aos infernos não deixe
de visitar o museu
de eros

no vale dos ventos
não há relíquias
mais puras

são selvagens
as peças e pagãs
como aquela em que
o tempo corta
com uma tesoura de ferro
as asinhas minúsculas
do desejo

então quando descer
ao coração não deixe
de visitar o museu
de eros

nuvens

na última cena
de *criança terrível*
um vento fortíssimo
desaba sobre as árvores

árvores não
pessoas

corpos e corpos
que o vento
enverga

o vento não
o desejo
com seu sopro

na verdade
não dá pra ver
muito bem
o filme é antigo
e as imagens estão
com muito ruído

mas parece que as árvores
estão perdendo
as folhas

na verdade
parece que as árvores
estão brilhando

mas pelo grito
estão brilhando
e estão ardendo

estão ardendo
e estão minguando

como a cera
da abelha
que na mesa
o fogo come

criança terrível

não sei se entendo
a pintura diz o rapaz
que segura com força
a mão do namorado

e repete em voz alta a legenda
o quebra-membros

uma criança
que esmaga
um anjinho
entre as mãos

não há outras
crianças no quadro
só ela e seu brinquedo

que ela destroça
enquanto sorri

que ela faz em pedaços
enquanto chora

o rapaz morde os lábios
e aperta a mão
do namorado
com força

estão arruinadas

estão arruinadas
todas as obras
no museu de eros

à estátua do garoto
falta parte do rosto
faltam as duas mãos
e uma aljava

aos poemas
faltam esta e aquela palavra
perderam o sentido

à saudade faltam os motivos
como ao coração falta
um ritmo

falta muito muitíssimo
à pessoa amada
mais ainda
à que ama

aqui tudo parece
que é música

e é música

divina comédia

o último círculo
do inferno quer dizer
do coração
tem um lago

você pergunta
de sangue? não

você pergunta
de fogo? não

então você começa
a se perguntar
quem é esse
refletido no lago de gelo?

CANÇÃO DAS LÁGRIMAS

autobiografia literária

em 1998 o titanic afundou
pela primeira vez no cinema paratodos
desabou o edifício palace II
na barra da tijuca
o tim maia pegou uma infecção
generalizada e foi embora
o brasil perdeu de três a zero
pra frança na copa do mundo

meus pais se separaram

e só então foi lançado
o videogame
dreamcast

romance de formação

você não se lembra de mim
diz tim maia no rádio mas eu
me lembro de você
não faz tanto tempo
você esmagou meu coração

são minhas as lágrimas
no travesseiro

meu pai canta isso em inglês
feliz à beça e mexendo nos temperos
na cozinha da tia gracinha

com minha irmã na mesa
e *tears on my pillow*
no rádio

logo a adolescência
virá com tudo

mas antes que ela venha
me agarro ao videogame
aprendo inglês
jogando *final fantasy*
é assim que explico
pra minha irmã
o que canta
o nosso pai

tantas lágrimas no travesseiro

a sala se ilumina
o meu coração não
ele afunda numa treva
que me acompanha
e que também faz guarida
pra minha irmã
em suas noites de sono

quando dorme
minha irmã brilha
brilha e emerge
nada se esconde em sombra
mil janelas abertas
e luz de sol
refletida na areia
quando acorda
as remelas reluzem
nas lágrimas
são caquinhos de vidro
nos olhos

cheirinho de limpeza

antes de tudo
a tia gracinha limpa a casa
e deixa os móveis brilhando
impecável como o céu ela diz
assim deve ser o paraíso ela diz

e um cheiro de lavanda
invade os pulmões

pronto crianças
agora vocês podem sorrir
para o seu pai

o chevette 87

minha mãe buscava a gente
na escola com um chevette 87
que nasceu no mesmo ano que eu
quebrado e dourado

na rádio sempre escutávamos
a JB FM que tocava umas coisas
muito lindas

eu contava pra minha irmã
o que dizia eric clapton
o tempo vai te derrubar
dobrar os seus joelhos e destroçar
o coração enquanto te faz
implorar por favor
saiba o meu nome
quando me encontrar
em lágrimas
no paraíso

fantasia final

jogar videogames
foi mais urgente
que ler os livros

todos os heróis
têm a mesma jornada
mais do que força
precisam de amigos

dirijo o meu apelo
aos meus heróis
de videogame

eu lhes dediquei
as minhas horas de menino

agora venham me ajudar
com a canção das lágrimas

MADRINHA MORTE

uma fábula

no país dos palhaços
dois palhaços que não sabem
como vão pagar o aluguel
têm um filho

então pegam o bebê
e vão até a floresta
onde pretendem entregá-lo
à própria sorte

mas no caminho vão pensando:
a sorte é como deus
escolhe os que serão salvos
e aqueles que não

não serve pra madrinha

então o entregam
à própria morte
que não escolhe
entre ricos e pobres

sombra

o último som
que minha mãe ouviu
de minha avó
numa cama de hospital
foi um grito rouco

sufocada na fumaça
de cinquenta mil
maços de cigarro

nossa vida ilumina algumas coisas
e existem coisas que nos iluminam de volta

mas o desejo não é um facho de luz
já conheci pessoas
que de tanto olhar a noite
se dissolveram na sua sombra

rastilho

é uma pena que a noite
não exista mais

as dinamites que trazíamos
você e eu no bolso
perderam o pavio

agora ficou difícil
explodir qualquer coisa
sem usar o próprio
corpo de rastilho

de bolso

carlos drummond de andrade
ganhou uma lanterna de bolso
e passou a apagar as luzes
à noite pra fazer a ronda
da luz errante

o poeta não é
nenhum ladrão de fogo
dizia drummond
é apenas alguém
com uma lanterna de bolso
que abre caminho
entre as trevas do dicionário

um dia o poeta
volta da repartição
morrendo de medo de morrer
e percebe que a lanterninha
começa a abrir
um caminho de sombra
entre as coisas mais nítidas

madrinha morte

quando vou aos funerais
de familiares e de amigos
penso na madrinha
ela não nos abandona

e nos envolve
numa colcha
quentinha

é assim no cemitério de inhaúma
é assim no de irajá e no jardim
da saudade em sulacap
no murundu em realengo
no caju e no são joão batista

é assim no cemitério
de bolso que
do lado esquerdo
carregamos

COLEÇÕES

1.

joão ama
a paz

enquanto ela não vem
ele escreve músicas
sobre a paz

tem aquela
sobre a família quietinha no natal
tem aquela
sobre os cachorros se lambendo
tem aquela
sobre gilberto quando respira

2.

gilberto não traz
o pé de feijão
que pediu
a professora tânia

gilberto traz
um pé de manjericão

o nome dele
é joão diz
gilberto
e respira fundo
o perfume da planta

no peito de joão
um tambor
de guerra
danado

3.

gilberto não anota a matéria
se interessa apenas pelo que pode ler
em para-choques de caminhão

primeira página
gilberto mendonça filho
aluno do quinto ano

segunda página
não me siga que eu não sou novela
ninguém é vidente liga a seta antes de virar
deus é joia o resto é bijuteria

gilberto vai ao banheiro
joão corre pega o caderno
e escreve um verso
que acaba de compor

a paz é um pãozinho quente
(sol menor)

4.

aula de educação física
gilberto está de pé
e o seu perfume
de manjericão
chega até
joão

que pensa
quando o mundo
estiver em paz
haverá pizza
para todos

gilberto vai comer
a margherita
e eu também
e eu também

joão está feliz
com a nova canção
joão está em paz
gilberto não

5.

na volta pra casa
gilberto folheia
uma adaptação
da *ilíada*
para adolescentes

não gostei do livro diz joão
tem muita guerra
queria ver
aquiles e pátroclo
antes da guerra
como será que eram
gilberto?

6.

joão não consegue parar
de escrever
suas canções

tem aquela
sobre gilberto desistindo
de sair da escola

aquela
sobre gilberto respirando
nas suas costas

aquela
sobre gilberto elogiando
suas músicas

7.

aula de redação
cada um escreve
sobre o melhor
amigo

joão fica feliz
que a redação de gilberto
é pra ele

mas a felicidade
não dura é como a pluma
que o vento vai levando
pelo ar

a redação de gilberto
é cheia de frases
de para-choque
de caminhão

é triste a dor do parto mas eu tenho que partir
não me siga estou perdido
pneu cheio coração vazio

HISTÓRIA DOS PÁSSAROS

primeiro canto

olha só como voamos
e ruflamos na folhagem
tudo é um tremendo esforço
com nossas pequenas asas

hoje o trinca-ferro grita
hoje o urutau só chora
hoje a andorinha migra
onde o joão-de-barro mora

hoje o bem-te-vi é briga
hoje o curió demora
hoje o azulão vigia
o corrupião que volta

encoste num passarinho
se aproxime bem suave
todo toque é um perigo
ele racha trinca e rasga

esses cantando

esses cantando nas árvores
são os nossos irmãos
os bem-te-vis
mais tarde serão
as maritacas

e nós estamos aqui
21 gramas
sobre o ventre
leve pluma
no seu músculo

você não sente
nem escuta nada

mas nós
sentimos
você
tun tun

crispados e atentos
nós estamos
ouvindo

trinca-ferro

subiu na jaqueira
pra assistir ao banquete
das minhocas

todo trinca-ferro
é agitado e faminto

isso qualquer
passarinho sabe

mas este aqui não

é um só
com a floresta

de patas cruzadas
ele espera

qualquer sopro
sobre as folhas
é um milagre
que o trinca-ferro
saúda

uirapuru

o uirapuru cruzou a rua
na mesma hora
que o motoboy

e deu cinco cambalhotas
antes de perder
os sentidos

o motoboy levou
ele pra casa
deu cama e água
pro passarinho
antes de voltar
pras entregas do dia

o uirapuru acordou
dentro da gaiola

esfregou os olhinhos

olhou prum lado
olhou pro outro

e segurou as grades
com as asinhas

puta que pariu
matei o motoboy

você se lembra

você se lembra
quando os nomes
voaram até a sua boca

você era pequeno
nós estávamos cantando
piu piu piu isso
piu piu piu aquilo

você era triste mas de repente
bastava falar com as coisas
e as coisas falavam de volta

as palavras eram
as suas amigas

mas você deu a mão
à palavra querer
e ela te suspendeu
pelo colarinho

nenhuma palavra
quis te ajudar

eu quero quero
piu piu piu

e quando você usou
o advérbio não

as coisas se juntaram
como pessoas pra foto

e palavras como pálpebra
pedra pluma e lágrima
se reuniram
num sorriso amarelo
como se não trouxessem
nada nos bolsos

a origem dos passarinhos

meus amigos estão crescendo
vitinho trocou todos os dentes
e mabel já roubou doces
sozinha na casa de chocolates
a anna violeta começou a fumar
a joana e o lucas e o heyk
e a michele e o mario
e o buiú também fiquei sabendo
já fizeram filhos
o diego queria jogar no vasco
porque o sobrenome dele
é vasquinho mas acabou
virando analista de sistemas

e agora que o tempo passou
nasceram os passarinhos
como este sabiá-laranjeira
que pousa em minha janela
fazendo um piu piu piu danado

às vezes eu olho pra cara
dos meus amigos e fico rindo
eles ficam falando e eu só escuto

os passarinhos surgiram
por quê? esse sim
é um grande mistério

coleirinho

eis o volume
vida e obra
do coleirinho

nasceu comeu
deu dois pios
e morreu

e não morreu sozinho
foi com a ninhada inteira

ai meu coleirinho
que tragédia!

mas no país das serpentes
escreveram um poema
muito engraçado
sobre isso

no país dos fracos

no país dos fracos
não é preciso voar

trocar as penas
é um truque de família

às vezes você muda
e nós mudamos com você

basta que alguém
atravesse o seu caminho

uma mão um olho
o vento roça os dedos

você perde alguma coisa
ou quem se perde é você

pra recompor o seu estado
você chama as palavras

mas parecc que as palavras
se agarram no intestino

somos nós que levantamos
as janelas do seu corpo

mas você é quem decide
se faz parte da família

bicudos

são namorados agora

— bicuda ainda não
me acostumei
com o seu corpo
com o seu bico

— você não sabe quando
a gente é pequeno
e vê uma criança?

— a gente fica olhando

— ela fica gritando

— você não parece
uma criança

— você é engraçado bicudo
parece uma maritaca

história dos pássaros

nem todas as aves são pássaros
um pássaro é um pássaro
o coração é um pássaro
e quando para é um pássaro
a esperança não é um pássaro
a morte sim é um pássaro
uma criança que imita
um pássaro é por um segundo
um pássaro um poema não
um beijo raras vezes é um pássaro
a saudade não é um pássaro
as mães são pássaros sempre
mas pra que serve um pássaro
um pássaro é um pássaro
isso qualquer passarinho sabe

e os passarinhos não têm
direito a histórias compridas

o último canto

nossa história acaba cedo
sua história acaba tarde
tudo fala o tempo todo
na floresta e na cidade

só sabemos do agora
só sabemos da coragem
só sabemos do que é dentro
só sabemos do que arde

ouça bem nossa canção
piu piu piu piu piu piá
com o bico ao rés do chão
as palavras vão voar

essas coisas não são mudas
piu piu piu piu piu piá
tudo fala o tempo todo
piu piu piu piu piu piá

SUPER-8

você tem oito anos
e passa pela placa
vermelha que diz
perigo

segura uma prancha
de bodyboard
entre os braços

você bate as perninhas
e pensa nos motores
das lanchas

o calor insuportável
os vendedores
que gritam picolé óculos canga

sou uma lancha
você pensa

os banhistas
as roupas mínimas
seu corpo roçando na prancha
a onda te ergue

a vida dos adultos
que triste é a vida dos adultos
você pensa
cigarros e chinelos e muxoxos

a onda te derruba
arrasta você contra a areia
como um espólio de guerra

as crianças
se despedem
é o que sabem
fazer
você pensa

nenhuma criança
fica

você tenta dizer
os adultos sim
ficam

mas a água
te agarra
pela nuca

e tudo na vida
das crianças
é sol e sal
e areia na garganta

e mãos
mecânicas
que te erguem
pelo couro

balançam
dizem adeus

DIREÇÃO EDITORIAL Fernanda Diamant e Rita Mattar
COORDENAÇÃO DA COLEÇÃO E EDIÇÃO Tarso de Melo
COORDENAÇÃO EDITORIAL Juliana de A. Rodrigues
ASSISTENTE EDITORIAL Millena Machado
REVISÃO Eduardo Russo
DIRETORA DE ARTE Julia Monteiro
PROJETO GRÁFICO Alles Blau
EDITORAÇÃO ELETRÔNICA Página Viva

FSC
www.fsc.org
MISTO
Papel | Apoiando o manejo florestal responsável
FSC® C011095

A marca FSC® é a garantia de que a madeira utilizada na fabricação do papel deste livro provém de florestas gerenciadas de maneira ambientalmente correta, socialmente justa e economicamente viável e de outras fontes de origem controlada.

ipsis

CIP-BRASIL. CATALOGAÇÃO NA PUBLICAÇÃO
SINDICATO NACIONAL DOS EDITORES DE LIVROS, RJ

Z16h

Zacca, Rafael
História das crianças / Rafael Zacca. — 1. ed. — São Paulo : Círculo de Poemas, 2025.

ISBN: 978-65-6139-084-2

1. Poesia brasileira. I. Título.

CDD: B869.1
25-98531.0 CDU: 82-1(81)

Gabriela Faray Ferreira Lopes — Bibliotecária — CRB-7/6643

circulodepoemas.com.br
fosforoeditora.com.br

Editora Fósforo
Rua 24 de Maio, 270/276, 10º andar
01041-001 — São Paulo/SP — Brasil

CÍRCULO DE POEMAS

O **Círculo de Poemas** é a coleção de poesia da Editora Fósforo que também funciona como clube de assinaturas. Seu catálogo é composto por grandes autores brasileiros e estrangeiros, contemporâneos e clássicos, além de novas vozes e resgates de obras importantes. Os assinantes do clube recebem dois livros por mês — e dão um apoio fundamental para a coleção. Veja nossos últimos lançamentos:

LIVROS

Poemas em coletânea. Jon Fosse (trad. Leonardo Pinto Silva).

Destinatário desconhecido: uma antologia poética (1957-2023). Hans Magnus Enzensberger (trad. Daniel Arelli).

O dia. Mailson Furtado.

O Kit de Sobrevivência do Descobridor Português no Mundo Anticolonial. Patrícia Lino.

Se o mundo e o amor fossem jovens. Stephen Sexton (trad. Ana Guadalupe).

Quimera. Prisca Agustoni.

Sílex. Eliane Marques.

As luzes. Ben Lerner (trad. Maria Cecilia Brandi).

A extração dos dias: poesia 1984-2005. Claudia Roquette-Pinto.

Noite devorada. Mar Becker.

Por isso as papoulas. Andreev Veiga.

Voo breve sob o sol. Ana Costa dos Santos.

PLAQUETES

E depois também. João Bandeira.

Soneto, a exceção à regra. André Capilé e Paulo Henriques Britto.

Inferninho. Natasha Felix.

Cacto na boca. Gianni Gianni.

O clarão das frestas: dez lições de haicai encontradas na rua. Felipe Moreno.

Mostra monstra. Angélica Freitas.

é perigoso deixar as mãos livres. Isabela Bosi.

A língua nômade. Diogo Cardoso.

Dois carcarás. Leandro Durazzo.

Muchacho e outros poemas. Rodrigo Lobo Damasceno.

As cidades. Caetano W. Galindo.

Outras peles. Lucas Guimaraens.

Para conhecer a coleção completa, assinar o clube e doar uma assinatura, acesse:
www.circulodepoemas.com.br

**CÍRCULO
DE POEMAS**

Este livro foi composto em GT Alpina e
GT Flexa e impresso pela gráfica Ipsis
em julho de 2025. Deitando as palavras,
uma a uma, aos seus pés.